INSTRUCTION MINISTÉRIELLE

DU 18 MARS 1896

CONCERNANT CERTAINES DISPOSITIONS SPÉCIALES

AUX

MILITAIRES DE LA RÉSERVE

ET DE

L'ARMÉE TERRITORIALE

CONVOQUÉS EN TEMPS DE PAIX

(Extrait du *Journal militaire*, 1er semestre 1896, n° 10.)

PARIS

LIBRAIRIE MILITAIRE DE L. BAUDOIN

IMPRIMEUR-ÉDITEUR

30, Rue et Passage Dauphine, 30

1896

INSTRUCTION MINISTÉRIELLE

DU 18 MARS 1896

CONCERNANT CERTAINES DISPOSITIONS SPÉCIALES

AUX

MILITAIRES DE LA RÉSERVE

ET DE

L'ARMÉE TERRITORIALE

CONVOQUÉS EN TEMPS DE PAIX

(Extrait du *Journal militaire*, 1er semestre 1896, n° 10.)

PARIS

LIBRAIRIE MILITAIRE DE L. BAUDOIN

IMPRIMEUR-ÉDITEUR

30, Rue et Passage Dauphine, 30

—

1896

INSTRUCTION MINISTÉRIELLE

DU 18 MARS 1896

concernant certaines dispositions spéciales aux militaires de la réserve et de l'armée territoriale.

Le décret du 17 octobre 1895 a posé les règles générales d'administration que comporte le rattachement des corps de réserve et des corps territoriaux aux corps de troupe de l'armée active.

Antérieurement à ce décret, une instruction ministérielle du 28 décembre 1894 est déjà intervenue pour le payement des frais de route des militaires de la réserve et de l'armée territoriale au titre des corps de rattachement.

Mais, pour les autres services, les dispositions du décret du 17 octobre 1895 nécessitent des mesures de détail destinées à assurer un mode uniforme d'administration pour les corps de réserve et de l'armée territoriale.

La présente instruction, qui reproduit les dispositions de l'instruction ministérielle du 28 décembre 1894, applicables aux hommes de la réserve et de l'armée territoriale en ce qui concerne les frais de route, a pour but d'indiquer en même temps les mesures particulières relatives aux autres services (solde, habillement, subsistances, etc.).

Cette instruction, qui concerne le temps de paix, abroge toutes les dispositions contraires, notamment les dispositions de l'instruction ministérielle du 7 mai 1891, et entre en vigueur à compter de sa date.

TITRE Ier.

TRANSPORTS PAR VOIES FERRÉES.

Art. 1er. Les hommes qui ont à faire usage des voies ferrées pour se rendre à leur première destination sont admis à voyager à prix réduit, sur la présentation de leur livret contenant la feuille spéciale ou le récépissé tenant lieu éventuellement de livret ou d'ordre d'appel individuel; mais, sauf l'exception prévue à l'article 28, ont seuls droit à ce transport à prix réduit, les hommes partant de leur domicile légal ou de la résidence régulièrement déclarée par eux à la gendarmerie ou de la localité où ils se trouvent quand ils ont été régulièrement autorisés à voyager en France.

Tout homme se présentant aux gares sans l'une des pièces ci-dessus indiquées, ou partant d'un point autre que son domicile légal ou sa résidence déclarée, ou se détournant de la voie la plus directe, ne peut prétendre au transport à prix réduit sur les chemins de fer. Toutefois, le payement de l'indemnité de transport à prix réduit lui est fait par rappel à son arrivée au lieu de réunion.

Les mesures nécessaires sont prises pour que le bénéfice du tarif réduit ne puisse être refusé aux militaires retenus sous les drapeaux pour maladie, punitions, etc., après la période d'instruction.

Les officiers ont droit, sur la présentation de leur ordre de convocation, au transport à prix réduit sur les voies ferrées. Ceux d'entre eux qui, en raison de leur grade, seraient montés s'ils appartenaient à l'armée active, peuvent être autorisés par les commandants de corps d'armée à emmener un seul cheval avec eux, quel que soit leur grade. L'Etat prend à sa charge le transport de ces chevaux par voie de fer, à condition que l'autorisation de les emmener soit spécialement mentionnée sur l'ordre de convocation des officiers auxquels ils appartiennent (avec indication sommaire du signalement), que le parcours soit d'au moins 60 kilomètres par la voie de terre et que les chevaux soient accompagnés d'un militaire ou que le possesseur voyage dans le même train. Les officiers doivent se faire délivrer, par le sous-intendant militaire, une feuille de route avec un bon de chemin de fer destiné à assurer le transport des chevaux aux frais de l'Etat.

Les militaires de la réserve et de l'armée territoriale, qui accompagnent sur les voies ferrées les chevaux des officiers réservistes ou territoriaux dûment autorisés à emmener leur monture, reçoivent l'indemnité journalière exceptionnelle fixée à 2 fr. 50 par jour.

TITRE II.

INDEMNITÉ DE ROUTE.

§ 1er. — *Officiers.*

Droit aux allocations.

Art. 2. Le droit des officiers à l'indemnité de route est déterminé, d'une manière générale, par le règlement sur le service des frais de route, sauf en ce qui concerne l'allocation de l'indemnité de séjour qui ne se cumule jamais avec la solde. Le taux des allocations est le même que celui fixé pour les officiers de même grade ou assimilés de l'armée active absents temporairement de leur résidence.

Convocations pour périodes d'instruction, stages, conférences et cours pratiques sur le service des étapes, grandes manœuvres, exercices à feu, pour être inspectés, etc.

Art. 3. Les officiers convoqués pour des périodes d'instruction, etc., ne cumulent jamais la solde avec l'indemnité de route qui leur est acquise pour les journées d'aller et de retour, sauf l'exception prévue à l'article 4.

Dans le cas de convocation à des périodes d'instruction, les règles à appliquer sont celles indiquées à l'article 49 ci-après.

L'indemnité fixe ne leur est jamais allouée lorsque, d'après l'ordre de convocation, ils ne doivent pas être absents plus de trois jours de leur résidence.

Si l'officier est convoqué au lieu même de sa résidence pour assister à une conférence ou être inspecté, il n'a droit à aucune allocation de route ou de solde.

Officiers appelés en témoignage devant un conseil de guerre ou d'enquête, ou traduits devant un conseil de guerre ou d'enquête.

Art. 4. Dans ce cas, l'indemnité de route due pour les journées d'aller et de retour n'est pas exclusive de la solde, lorsque le voyage et la séance ont lieu dans la même journée.

Officiers convoqués pour subir une punition disciplinaire.

Art. 5. Les officiers ont droit à l'indemnité de séjour pour toute la durée de la punition et à l'indemnité de route pour l'aller et le retour, à l'exclusion de la solde.

Officiers ayant accompli un stage dans un pays outre-mer.

Art. 6. Lorsque, pour rentrer dans leurs foyers, les officiers venant d'outre-mer en France sont obligés d'attendre plusieurs jours au port d'embarquement, ils ont droit, pendant ce temps, à l'indemnité de séjour.

Officiers accomplissant un stage dans une place de leur choix.

Art. 7. Les officiers qui demandent à faire un stage dans une place autre que celle qu'ils doivent rejoindre en cas de mobilisation, n'ont droit qu'à une indemnité de route au plus égale à celle qui leur serait due s'ils se rendaient dans cette dernière place.

Payement des indemnités pour l'aller.

Art. 8. Les officiers sont payés de leurs indemnités pour l'aller, soit par anticipation sur mandat individuel, soit à l'arrivée au corps, par le trésorier des corps actifs de rattachement.

Payement des indemnités pour le retour.

Art. 9. Les officiers sont payés des frais de route pour rentrer dans leurs foyers par les soins des corps actifs de rattachement et dans les mêmes conditions que les officiers des corps de troupe de l'armée active.

§ 2. — *Hommes de troupe.*

A. — PRINCIPES GÉNÉRAUX.

Droit aux allocations.

Art. 10. Les parcours effectués par les réservistes et territoriaux pour répondre à un ordre d'appel sont calculés, savoir :

Pour les hommes en résidence dans la subdivision de région de leur domicile, comme s'ils partaient du chef-lieu de canton auquel appartient la commune où ils résident pour se rendre au lieu de leur destination ;

Pour les hommes se trouvant en dehors de la subdivision de région de leur domicile par suite de changement de résidence déclarée, comme s'ils partaient du chef-lieu de la subdivision de région où ils résident et se rendaient au chef-lieu de la subdivision de région dans laquelle est situé le point à rejoindre.

Les hommes de la réserve et de l'armée territoriale qui, résidant dans un pays limitrophe de la frontière française, peuvent, en raison de cette circonstance, être convoqués pour accomplir une période d'instruction, sont rapatriés, sur la production de leur ordre de convocation, par les agents diplomatiques et consulaires à l'étranger, au compte du département de la guerre, lorsqu'ils sont reconnus comme étant sans ressources pour faire le voyage.

En conséquence, aucune indemnité de route ne leur est payée à leur arrivée au corps.

Mais, pour le retour, les intéressés reçoivent, par les soins des corps où ils ont accompli une période d'instruction, les frais de route pour le parcours à effectuer pour rejoindre les localités où ils sont en résidence à l'étranger.

Quant aux hommes en résidence dans un pays limitrophe, convoqués pour accomplir une période d'instruction, sans être rapatriés par les soins des agents diplomatiques et consulaires, ils sont traités, au point de vue des frais de route, comme s'ils partaient du chef-lieu de la subdivision de région dont fait partie la localité près de laquelle ils franchissent la frontière et se rendaient au chef-lieu de la subdivision dans laquelle se trouve le point à rejoindre.

Cas particuliers.

Art. 11. Les hommes en résidence régulière hors de leur subdivision et qui doivent rejoindre :

Dans la subdivision de Digne, les places de Colmars et d'Entrevoux ;

Dans la subdivision de Marseille, la place d'Aix ;

Dans la subdivision de Gap, les places de Tournoux et de Saint-Vincent;

Dans la subdivision de Perpignan, les places de Bellegarde, Fort-les-Bains, Montlouis et Villefranche;

Dans la subdivision de Neufchâteau, les places d'Epinal, Remiremont et Bruyères,

Reçoivent l'indemnité de route calculée depuis le chef-lieu de la subdivision où ils résident jusqu'à destination.

Art. 12. L'homme qui, en changeant régulièrement de résidence n'a pas quitté sa subdivision de région, doit être considéré comme partant du chef-lieu de canton dans lequel se trouve sa nouvelle résidence.

Art. 13. L'homme qui, ayant changé régulièrement de résidence, a fixé cette résidence dans la subdivision de région de son lieu de convocation, n'a pas droit aux frais de route.

Art. 14. Tout homme appelé, partant d'un point autre que son domicile légal ou sa résidence régulière, a droit aux frais de route calculés d'après la situation de ce domicile ou de cette résidence, sauf l'exception prévue à l'article 28.

Art. 15. L'homme qui se rend à son corps, bien que n'étant pas convoqué, reçoit, pour l'aller et le retour, des frais de route décomptés d'après la position de son domicile ou de sa résidence régulière, quand sa bonne foi ne peut être mise en doute.

Art. 16. Les hommes qui se sont vu légitimement refuser le transport au quart du tarif et ont dû, par suite, payer place entière, reçoivent l'indemnité kilométrique de 0 fr. 016 comme s'ils avaient voyagé à prix réduit.

Art. 17. Les réservistes et territoriaux contraints, pour des raisons de force majeure dûment constatées, de passer en route plus d'une journée pour une distance de 360 kilomètres parcourus en chemin de fer, sont payés, par rappel, de l'indemnité journalière d'après le nombre de journées effectivement passées en route.

Art. 18. Tout homme maintenu à l'hôpital après le renvoi de la classe convoquée pour une période d'instruction a droit, pour rejoindre ses foyers, à des frais de route décomptés dans les mêmes conditions que pour les réservistes et territoriaux qui ont accompli une période d'instruction dans cet hôpital.

B. — RÈGLES D'ALLOCATION.

Décompte des indemnités à l'aller.

Art. 19. Les points extrêmes des parcours étant déterminés comme il a été dit aux articles précédents, les hommes considérés comme n'ayant pas eu à franchir une distance au moins égale à 25 kilomètres, tant sur les routes ordinaires que sur les chemins de fer, n'ont droit à aucune allocation de route.

Art. 20. Pour un trajet égal ou supérieur à 25 kilomètres, les hommes reçoivent, à l'aller :

1° L'indemnité kilométrique pour la portion de trajet parcourue en chemin de fer (l'indemnité kilométrique n'est pas due pour les parcours effectués sur les routes ordinaires);

2° L'indemnité journalière d'après l'itinéraire qui leur confère le droit aux frais de route.

Décompte des indemnités pour le retour.

Art. 21. Pour le retour les hommes reçoivent :

L'indemnité kilométrique sur voies ferrées et l'indemnité journalière, si leur itinéraire comporte un parcours en chemin de fer au moins égal à 37 kilomètres;

L'indemnité journalière seule, si le parcours est au moins égal à 25 kilomètres et inférieur à 37.

Art. 22. Aucun prélèvement ne peut être fait sur l'indemnité de route due pour le retour, quand bien même l'homme aurait été nourri au corps le jour de son départ.

Art. 23. L'homme autorisé à se rendre exceptionnellement dans une localité autre que son domicile légal ou sa résidence déclarée ne peut, en aucun cas, recevoir une indemnité supérieure à celle qui lui serait allouée pour rejoindre ce domicile ou cette résidence.

Taux des indemnités.

Art. 24. Le taux de l'indemnité kilométrique est uniformément fixé à 0 fr. 016, et celui de l'indemnité journalière à 1 fr. 25, quel que soit le grade.

Barèmes d'indemnité de route.

Art. 25. Le calcul des distances kilométriques et les décomptes des indemnités kilométrique et journalière s'établissent à l'aide des barèmes d'indemnité de route tenus et mis à jour par les fonctionnaires de l'intendance.

Les barèmes des trésoriers des corps sont tenus et mis à jour dans les conditions prévues par la note ministérielle du 19 mars 1893.

Indemnité journalière spéciale.

Art. 26. Les hommes qui, d'après la situation de leur domicile ou de leur résidence, n'ont pas droit aux frais de route pour rejoindre, reçoivent, le jour de leur arrivée au corps, l'indemnité journalière spéciale prévue par l'article 3 du décret du 29 janvier 1879.

Elle n'est jamais due pour le retour.

Cette indemnité, exclusive de toute prestation en deniers et en nature, est uniformément fixée à 1 fr. 25 pour les hommes de troupe de tous grades.

Elle est due aux hommes qui résident au lieu même de leur convocation.

C. — RÈGLES GÉNÉRALES DE PAYEMENT.

Art. 27. Les allocations de route auxquelles les hommes ont droit leur sont payées, par rappel, au corps.

Cas d'exception.

Art. 28. Par exception à cette règle, l'indemnité de route peut être allouée d'avance à l'homme qui, étant en résidence hors de la subdivision de région de son domicile, déclare au sous-intendant militaire ne pas avoir les ressources nécessaires pour rejoindre.

La somme qui lui est payée, et qui varie selon qu'il a fait ou non les déclarations réglementaires de changement de résidence, est inscrite en petits caractères, à l'encre rouge, par le fonctionnaire de l'intendance sur la feuille spéciale de son livret individuel, dans la partie supérieure de la case réservée au timbre de la gare de départ, ou sur le récépissé du livret.

Avis de ce payement est donné au corps sur lequel est dirigé l'homme.

Art. 29. L'indemnité de route peut encore être allouée exceptionnellement par anticipation, après les formalités indiquées ci-après, au réserviste ou à l'homme de l'armée territoriale qui se présentera au fonctionnaire de l'intendance d'une subdivision autre que celle de son domicile ou de sa résidence régulière, pour être dirigé sur son corps d'affectation et déclarera avoir perdu son livret et son ordre d'appel et être absolument sans ressources.

Les déclarations de l'homme entendues, le sous-intendant militaire devra immédiatement procéder à une enquête faite au moyen d'un télégramme adressé au corps d'affectation en vue d'obtenir les renseignements nécessaires pour établir l'identité de l'homme. Cette identité reconnue, le fonctionnaire de l'intendance délivrera à l'homme convoqué une feuille de route avec bon de chemin de fer valable du lieu où l'homme s'est présenté, à son point de convocation. Il lui allouera, en outre, l'indemnité journalière calculée sur la distance à parcourir.

Avis du payement sera donné au corps par le sous-intendant militaire.

1° Réservistes.

Art. 30. Les commandants de compagnie, escadron ou batterie établissent en simple expédition, quelques jours avant la convocation, un état nominatif des réservistes auxquels ils doivent payer les frais de route.

Cet état, conforme au modèle 139 A de la nomenclature des imprimés de la guerre, mais sur lequel les formules relatives à l'arrêté et au mandatement doivent être supprimées, est décompté par le trésorier. Celui-ci dresse, en outre, un bordereau récapitulatif conforme au modèle n° 1 ci-annexé, puis il remet à chaque commandant d'unité l'état nominatif qui le concerne.

Lors de l'appel des réservistes, cet état est totalisé et présenté au trésorier, qui en paye le montant au commandant d'unité sur les fonds généraux de sa caisse.

Les commandants d'unité donnent reçu de ces fonds sur le bordereau récapitulatif.

Le jour de l'arrivée des hommes, les commandants d'unité payent, d'après ces états nominatifs, les indemnités de route dues, et, au fur et à mesure des payements, inscrivent le mot « payé » en regard du nom de chaque intéressé, de manière à pouvoir relever facilement les sommes disponibles à restituer au trésorier.

Art. 31. Si, pour un motif quelconque, des hommes n'ont pas été compris sur les listes nominatives, leurs droits sont examinés d'urgence, et la somme qui leur revient leur est payée immédiatement.

Art. 32. Les payements terminés, les commandants d'unité remettent au trésorier :

Les listes nominatives revêtues de la certification des payements faits;

Les sommes restées sans emploi.

Le trésorier, après avoir constaté, à l'aide des états nominatifs, que les sommes restées sans emploi représentent bien la différence entre les sommes remises aux commandants d'unité et celles payées par eux, arrête le bordereau récapitulatif à la somme des payements réellement effectués et le montant de ce bordereau fait l'objet, au registre de route, d'une seule inscription mentionnant le nombre d'hommes et le total des payements.

2° Territoriaux.

Art. 33. En vue d'assurer, sur les fonds généraux de la caisse d'un corps actif, le payement des indemnités de route aux territoriaux, les majors des corps actifs de rattachement font établir, en simple expédition par unité territoriale, dès que le Ministre a fait connaître les corps ou fractions de corps qui doivent être convoqués, des états nominatifs conformes au modèle 139 A de la nomenclature, mais sur lesquels les formules relatives à l'arrêté et au mandatement doivent être supprimées.

Ces états sont remis au trésorier du corps actif, qui établit le décompte des indemnités dues aux hommes et dresse un bordereau récapitulatif conforme au modèle n° 1 ci-annexé.

Art. 34. Chaque commandant d'unité territoriale, à son arrivée au corps, reçoit du trésorier :

L'état nominatif qui le concerne ;

Les fonds nécessaires pour le payement des indemnités dues aux hommes de son unité.

Les commandants d'unité donnent reçu de ces fonds sur le bordereau récapitulatif.

Le jour de l'arrivée des hommes, ils distribuent, d'après les états nominatifs, les indemnités dues à leurs hommes. Ils inscrivent, au fur et à mesure des payements, le mot « payé » en regard du nom de chaque intéressé.

Art. 35. Les payements terminés, les commandants d'unité remettent au trésorier :

Les états nominatifs revêtus de la certification des payements faits ;

Les sommes restées sans emploi.

Le trésorier récapitule dans le bordereau récapitulatif les états nominatifs, et le montant de ce bordereau fait l'objet, au registre de route, d'une seule inscription mentionnant le nombre d'hommes et le total des payements.

Justification de la dépense.

Art. 36. Le trésorier justifie des sommes qu'il a avancées sur les fonds généraux de la caisse du corps, pour le payement des indemnités de route dues, soit aux réservistes, soit aux territoriaux, dans la forme prescrite par le règlement sur le service des frais de route.

Payement des indemnités pour le retour. — Réservistes et territoriaux.

Art. 37. Avant leur départ, les réservistes et territoriaux reçoivent de leurs commandants d'unités les allocations auxquelles ils ont droit à titre d'indemnité de route pour rentrer dans leurs foyers, domicile ou résidence déclarée.

Art. 38. Les listes sont établies respectivement par chaque commandant d'unité et les payements s'effectuent conformément aux règles tracées par le règlement sur les frais de route.

TITRE III.

ADMINISTRATION.

Dispositions générales.

Art. 39. Tous les documents relatifs à l'immatriculation des hommes et des officiers, ainsi que ceux afférents à l'administration et aux appels du temps de paix, sont établis et tenus par les soins du corps actif de rattachement. Ce corps établit également

le journal de mobilisation du corps de réserve et du corps territorial, ainsi que les dossiers de mobilisation des différentes unités
et des chefs de service.

Toutefois, en ce qui concerne les bataillons territoriaux du
génie, les journaux et les dossiers de mobilisation sont établis et
tenus à jour, suivant le lieu où ils se mobilisent, soit par les
corps de troupe de l'armée active auxquels ils sont rattachés,
soit par le général commandant le génie ou un directeur du génie
de la région.

Art. 40. Les unités des corps de réserve et de l'armée territoriale, convoquées en temps de paix, sont formées immédiatement
après l'arrivée des éléments et dissoutes en fin de période.

Il est dressé procès-verbal de ces opérations par les soins des
fonctionnaires de l'intendance.

Conseil d'administration.

Art. 41. Il n'est pas formé de conseil d'administration distinct.
Les corps de réserve et de l'armée territoriale convoqués en temps
de paix sont administrés directement par le conseil d'administration du corps actif de rattachement, même lorsque ces corps ou
fractions de corps viendraient momentanément à être séparés du
corps actif.

Fonds.

Art. 42. Les fonds nécessaires aux besoins du corps de réserve
et du corps territorial sont assurés par les soins du corps actif,
qui prend les mesures utiles.

Toutefois, si en cas de séparation momentanée, il lui était absolument impossible de faire parvenir les fonds aux fractions de
réserve ou territoriales, les perceptions seraient faites directement au Trésor par l'officier commandant le corps ou la fraction
détachée ; mais cette perception est subordonnée à une délibé-
ration préalable et conforme du conseil d'administration du corps
actif.

Payement de la solde et justifications des perceptions.

Art. 43. La perception à la caisse du corps actif des allocations
revenant aux hommes des corps de réserve et des corps territoriaux, est justifiée par la production d'une feuille de prêt (modèle
n° 3 annexé à la présente instruction) établie par chaque commandant d'unité ; celle relative au payement des officiers est
appuyée d'une feuille d'émargement comprenant, en temps de
paix, toute la période de convocation, alors même que celle-ci
chevaucherait sur deux trimestres.

Établissement des états comparatifs.

Art. 44. Pour faciliter le règlement des trop et moins-perçus,
le trésorier du corps actif établit, d'une manière distincte, pour le

corps de réserve d'une part, et pour le corps territorial d'autre part :

1° Un état comparatif pour le traitement des officiers du corps de réserve ou du corps territorial ;

2° Un état comparatif des perceptions en deniers (solde, indemnités, etc.) pour les hommes de troupe de chaque unité du corps de réserve ou du corps territorial ;

3° Un extrait du registre des distributions de vivres et fourrages, faisant ressortir les trop et moins-perçus pour l'ensemble du corps de réserve ou du corps territorial.

Les états comparatifs établis pour les perceptions en deniers des hommes de troupe font ressortir distinctement les trop et moins-perçus, pour la solde, d'une part, et pour l'indemnité de viande, d'autre part.

Les bordereaux récapitulatifs des perceptions en deniers de la troupe sont également dressés d'une manière distincte pour le corps de réserve et pour le corps territorial.

Trop et moins-perçus.

Art. 45. Le moins-perçu qui résultera pour la troupe du droit constaté par les feuilles de journées, comparé aux perceptions en deniers, est porté, en fin de période de convocation, en diminution au tableau n° 4 de la revue trimestrielle de liquidation du corps actif. Le trop-perçu est remboursé à la caisse du trésorier du corps actif par les commandants d'unités.

Registres de comptabilité.

Art. 46. Les commandants des unités de réserve ou territoriales sont pourvus, pendant les périodes de convocation du temps de paix :

1° D'un imprimé de l'état présentant le contrôle nominatif des officiers, sous-officiers, caporaux ou brigadiers et soldats ayant compté à l'effectif pendant la période de convocation et indiquant, en outre, les armes qui ont été délivrées, l'enregistrement des situations et mutations journalières, l'enregistrement de la solde de la troupe et des rations diverses perçues (modèle n° 4 annexé à la présente instruction) ;

2° D'un livret d'ordinaire ;

3° D'un registre d'ordres et d'une couverture du carnet de comptabilité.

Art. 47. Ces différents documents sont fournis par le trésorier du corps actif, sauf le livre d'ordinaire, qui est acheté sur les fonds de l'ordinaire de l'unité.

Ils sont remis, en fin de période de convocation, au trésorier chargé de la conservation de ces documents.

Inscription des périodes d'exercices, dispenses, ajournements.

Art. 48. A l'expiration de chaque période d'instruction, mention de l'accomplissement de cette période est inscrite au titre de chacun des hommes qui y ont pris part :

a. Sur le livret individuel. Cette inscription est toujours faite, avant le départ de l'homme, par les soins du corps qui l'a instruit;

b. Sur le livret matricule et sur le feuillet matricule et le répertoire général du corps d'affectation ;

c. Sur le registre ou liste matricule du recrutement dont l'homme dépend et, éventuellement, du recrutement d'origine.

Des formules sont imprimées ou des colonnes sont ménagées pour ces inscriptions sur les divers documents indiqués ci-dessus. (Dans le cas où les documents en service ne contiendraient pas des formules imprimées, la mention serait portée à la main ou à l'aide d'un composteur dans la forme suivante : « a accompli une période d'exercice dans le   du au   ».)

On inscrit également sur les registres et listes matricules, sur les livrets matricules et les feuillets matricules, les dispenses, à l'encre, avec les motifs sommaires ; les ajournements, au crayon.

Quant au livret individuel, il n'est pas retiré pour recevoir l'inscription des dispenses et des ajournements. Cette inscription n'y est portée que dans le cas où, pour une cause quelconque, le livret passe au bureau de recrutement.

TITRE IV.

SOLDE ET REVUES.

Allocations.

Art. 49. Le décret du 29 mai 1890 détermine les règles d'allocation de la solde pour les périodes de convocation du temps de paix ; les tarifs de solde du 27 décembre 1890 sont applicables aux corps de réserve et de l'armée territoriale dans les conditions déterminées par les règlements. Les officiers touchent la solde nette prévue aux tarifs.

Pour les officiers convoqués ayant, pour rejoindre, à effectuer un parcours donnant droit aux frais de route, on portera sur les ordres de service, comme date d'arrivée, la veille du jour où les intéressés doivent commencer leur service ; de même, après la période de convocation on portera sur lesdits ordres de service, comme date de départ, le lendemain du jour où l'officier cesse son service.

Les officiers dont il s'agit auront ainsi droit à la solde pour la journée pendant laquelle ils commencent leur service, ainsi que pour celle pendant laquelle ils le terminent.

Les allocations en deniers et en nature sont régularisées au titre du corps actif.

États de solde.

Art. 50. La somme nécessaire pour assurer le payement du prêt de la troupe, des corps de réserve et de l'armée territoriale, convoqués à des périodes d'exercices, est prélevée sur les ressources de la caisse du corps actif, jusqu'à l'établissement du plus prochain état de solde pour le corps actif; sur cet état, la somme à percevoir, pour le corps de réserve ou pour le corps territorial, figure au recto, au titre « augmentation », avec le détail des effectifs. Ce n'est qu'en cas d'insuffisance de ressources pour assurer le payement du prêt que le corps actif établit un état de solde supplémentaire. Un mode analogue de procéder est suivi pour le payement du traitement des officiers.

Contrôles, situations administratives, feuilles de journées.

Art. 51. Pour la justification du droit aux allocations, il y a lieu d'appliquer, d'une manière générale, aux corps de réserve et aux corps territoriaux, les dispositions prévues pour les corps actifs.

Art. 52. Toutefois, pour la tenue des contrôles et l'établissement des situations administratives et des feuilles de journées, il est fait usage des modèles spéciaux joints à la présente instruction (nos 4, 5 et 6).

Art. 53. Les officiers de la réserve et de l'armée territoriale sont compris sur une feuille de journées spéciale établie par le trésorier. Les hommes sont également portés sur des feuilles de journées distinctes établies, concurremment avec celles tenues par le trésorier du corps actif, par le commandant de chaque unité de réservistes ou de territoriaux.

Art. 54. Les hommes de l'armée active détachés dans les unités de réservistes ou de territoriaux continuent d'être compris sur les situations administratives et sur la feuille de journées de l'unité active où ils comptent à l'effectif, pour toutes les prestations en deniers et en nature, sauf, le cas échéant, versement par les unités dont ils font partie, des frais de nourriture à l'ordinaire duquel ils participent.

Toutefois, dans le cas où les unités de réserve ou territoriales sont séparées pendant plusieurs jours du corps actif, les hommes de l'armée active détachés sont administrés, pendant la période de séparation, comme subsistants par les unités de réserve ou territoriales.

Art. 55. Dans un but de simplification, il convient, alors même que la période de convocation viendrait à chevaucher sur deux trimestres :

1° De n'établir qu'une seule feuille de journées pour les officiers et pour chaque unité, pour toute la période de convocation ;

2° De comprendre également toutes les allocations perçues, soit par les officiers, soit par les hommes de troupe, sur la revue du corps actif établie pour le trimestre pendant lequel la période de convocation a pris fin ;

3° De faire ressortir, sur ladite revue, d'une manière distincte, les allocations acquises aux hommes de la réserve, d'une part, et à ceux de l'armée territoriale, d'autre part.

Dispositions spéciales.

Art. 56. Les indemnités pour frais de bureau prévues pour les chefs de corps de réserve par l'article 7 du décret du 17 octobre 1895 remplacent les indemnités pour frais de service attribuées précédemment aux intéressés par la note ministérielle du 25 juillet 1891 et la lettre collective du 18 août 1893.

Les indemnités ne sont acquises que dans le cas où le corps de réserve est formé.

Le chef de bataillon ou d'escadron, commandant exceptionnellement et à défaut du chef de corps empêché, un régiment de réserve d'infanterie ou de cavalerie, a droit à l'indemnité pour frais de bureau d'après le taux fixé pour le lieutenant-colonel chef de corps.

Pour la détermination de l'indemnité de frais de bureau attribuée aux majors des corps actifs chargés de l'administration des corps territoriaux, il y a lieu de tenir compte des hommes de la réserve de l'armée territoriale qui continuent d'être administrés par les corps de rattachement.

TITRE V.

SUBSISTANCES MILITAIRES.

Vivres.

Art. 57. Les hommes des corps de réserve et des corps territoriaux ont droit aux prestations du service des vivres dans les conditions indiquées par le règlement sur le service de la solde et par le règlement sur le service des subsistances pour les hommes des corps actifs.

Fourrages : 1° chevaux emmenés par les officiers.

Art. 58. Le droit aux rations de fourrages pour les chevaux emmenés par les officiers ne commence que du jour de l'entrée en solde de ces officiers. Il cesse en même temps que le droit à la solde des possesseurs de ces animaux.

Par modification à ces dispositions, les rations de fourrages sont acquises pour le cheval amené par les chefs de corps lorsque ce cheval sera laissé dans la garnison pendant l'intervalle de deux séries d'unités convoquées, que le possesseur de l'animal soit ou non présent au lieu de convocation pendant cet intervalle.

2° Chevaux prêtés par les corps de troupe de l'armée active.

Les chevaux prêtés par les corps de l'armée active continuent d'être nourris par les soins des corps de l'armée active qui les ont prêtés, de telle sorte que les corps de la réserve ou de l'armée territoriale n'ont, pour ces chevaux, ni bons à établir, ni perceptions à faire, ni justifications à produire.

Établissement de bons de vivres et de fourrages.

Art. 59. Les commandants d'unités établissent les bons pour les distributions de vivres en nature et de fourrages pour les chevaux emmenés par les officiers, aux dates fixées pour les distributions dans la place où stationne leur unité. Ces bons sont remis au trésorier du corps actif, qui est chargé d'établir le bon général pour l'ensemble du corps de réserve ou du corps territorial.

Chauffage.

Art. 60. Le chauffage auquel ont droit les corps de réserve et de l'armée territoriale leur est fourni par le corps actif. Le corps actif se crédite, dans sa feuille de journées de chauffage, des droits acquis par le corps de réserve ou territorial, et fait mention, à l'arrêté de cette feuille, de la somme comprise dans son total, applicable à la réserve ou à l'armée territoriale.

Ordinaires.

Art. 61. Le chef de corps ou de détachement du corps de réserve ou de l'armée territoriale détermine, d'après les ressources locales, comment les sous-officiers doivent vivre. Si une pension ne peut être constituée, il règle le nombre d'ordinaires de sous-officiers à former, pour l'ensemble, en tenant compte de la contenance des marmites mises à sa disposition.

Les hommes de troupe vivent à l'ordinaire. Il est tenu dans chaque unité un ordinaire qui est dirigé, tenu et surveillé, conformément aux prescriptions du règlement du 23 octobre 1887 sur la gestion des ordinaires de la troupe. Les effets de cuisine, les ustensiles de cuisine et ceux nécessaires pour les chambrées, dont l'énumération se trouve à l'article 40 dudit règlement, sont prêtés par les unités actives désignées par les chefs de corps.

Les unités de réserve ou territoriales n'ont donc à faire, pour le fonctionnement des ordinaires, d'autres achats que ceux concernant les denrées de diverses natures et les dépenses pour ingrédients de propreté, pour l'éclairage, pour le blanchissage à la charge des ordinaires, le chauffage leur étant fourni par les corps actifs.

Pour indemniser les unités actives de l'achat, de l'entretien et

3

de l'usure des différents ustensiles, les unités de réserve ou territoriales versent dans la caisse du corps actif une somme prélevée sur les recettes des ordinaires fixée à 0 fr. 10 par homme (sous-officiers exceptés) ayant compté à l'effectif dans le cours de la période d'instruction.

Les chefs du corps actif répartissent cette somme entre les fonds particuliers et les fonds des ordinaires des différentes unités qui auront fourni des effets, objets, etc.

Toutes les fois qu'il y a possibilité et avantage pour les ordinaires des unités de la réserve et de l'armée territoriale, on les fait participer aux marchés passés pour les ordinaires de l'armée active. A cet effet, une mention spéciale est inscrite dans les marchés.

TITRE VI.

HABILLEMENT, GRAND ÉQUIPEMENT, EFFETS DE PETIT ÉQUIPEMENT, DE CUISINE ET DE PANSAGE.

1° Mesures générales.

Art. 62. Les corps actifs, de réserve et territoriaux doivent, pour l'habillement et l'équipement des hommes convoqués, se conformer aux prescriptions de l'article 68 et à celles des articles 71 à 76 du règlement et de l'instruction du 16 novembre 1887-18 mars 1889 (1).

Ils peuvent, en outre, faire application des dispositions suivantes :

Les commandants de compagnie, d'escadron ou de batterie, prélèvent les effets destinés aux hommes de la réserve et de l'armée territoriale sur la collection de leur unité destinée aux périodes d'instruction. Les effets de drap de cette collection servant à la fois de tenue d'extérieur et de tenue d'exercices doivent, autant que possible, provenir directement de la collection n° 2.

Dans tous les cas, les effets doivent être convenables et en bon état (observations préliminaires et art. 46 de l'instruction du 16 novembre 1887-18 mars 1889).

Pour tenir compte des difficultés d'essayage, il est remis au corps de réserve et de l'armée territoriale un nombre d'effets supérieur d'un dixième à l'effectif des hommes à pourvoir. Les chefs de corps actif prennent, d'ailleurs, pour assurer l'habillement des hommes de taille exceptionnelle, les dispositions prescrites par l'article 73 de l'instruction du 16 novembre 1887-18 mars 1889.

Les écussons au numéro du corps actif qui sont cousus sur les

---

(1) En ce qui concerne l'article 71 de l'instruction du 16 novembre 1887-18 mars 1889, les dispositions du dernier alinéa de cet article sont seules applicables.

effets remis aux unités de réserve et de l'armée territoriale ne sont pas changés.

Les commandants des unités actives remettent aux unités de réserve et de l'armée territoriale les galons et autre signes distinctifs nécessaires pour en pourvoir les effets destinés aux sous-officiers, aux caporaux ou brigadiers, aux tambours, clairons ou trompettes. Ces marques distinctives de grade ou d'emploi sont prélevées sur les ressources de la collection d'instruction des unités actives. Celles-ci sont chargées de les faire coudre.

Les commandants des unités de réserve et de l'armée territoriale font imprimer sur la doublure des effets le numéro matricule de l'homme. Ils reçoivent des commandants des unités actives les boîtes à marques nécessaires.

Lors de la réintégration, le numéro matricule est biffé par les soins de l'unité active qui a fourni les effets.

Des effets d'habillement neufs, du modèle réglementaire, peuvent être remis aux hommes qui en font la demande et qui consentent à en verser immédiatement la valeur à la masse d'habillement du corps actif. Ces effets sont prélevés, soit sur l'approvisionnement du corps, soit sur ceux des compagnies, escadrons ou batteries, et leur valeur est versée au fonds commun. Dans le premier cas, ce versement fait recette définitive au fonds commun; dans le second cas, les fonds particuliers des unités qui ont fourni les effets sont remboursés de leur valeur par le fonds commun.

Ces effets sont inscrits sur les livrets matricules des hommes et emportés par eux après la période d'instruction.

2° Habillement.

Art. 63. Les hommes de la réserve et de l'armée territoriale qui ont été renvoyés dans leurs foyers avec des effets militaires, sont tenus de les rapporter en bon état au moment des périodes d'instruction. Les commandants des unités auxquelles ils appartiennent, s'assurent que cette obligation est observée et que les effets sont inscrits sur les livrets matricules des hommes. Si cette inscription n'a pas été faite, l'omission est réparée pendant la période de convocation.

Ceux de ces effets dont les pointures ne sont plus à la taille des hommes sont échangés à l'arrivée au corps contre d'autres effets convenant à cette taille. Ces derniers effets sont laissés aux hommes lors de leur renvoi dans leurs foyers, et les unités actives qui les ont fournis reçoivent, en échange, les effets que l'homme avait apportés.

Les hommes qui ont servi dans les corps d'Afrique et qui, convoqués dans un régiment de France, apportent des effets à l'uniforme de leur corps d'origine, reçoivent, si le général commandant la brigade le prescrit, des vêtements à l'uniforme du corps dans lequel ils accomplissent leur période d'instruction.

Les effets qu'ils ont apportés leur sont rendus au moment du départ.

Les hommes de la réserve et de l'armée territoriale doivent être munis, pendant la période d'appel, de tous les effets prévus aux tableaux annexés à la circulaire du 17 juillet 1891, n° 7.

Les képis délivrés aux sous-officiers et aux caporaux et brigadiers fourriers reçoivent la fausse jugulaire en métal.

Les effets civils (à l'exclusion de la coiffure) apportés par les hommes non gradés, leur sont laissés. Ces militaires peuvent, en cas de nécessité, être autorisés à les porter, mais seulement à l'intérieur des casernes et comme vêtements de rechange. Cette tolérance ne doit, dans aucune circonstance, être accordée aux gradés.

3° Grand équipement.

Art. 64. Conformément à la décision ministérielle du 8 novembre 1894, notifiée sous le n° 9845, les réservistes de l'infanterie et du génie (intérieur) sont pourvus de trois cartouchières avec bretelle de suspension.

Les effets de grand équipement, qui font défaut à la collection d'instruction, sont prélevés sur la réserve de guerre.

Aux termes du paragraphe 5 de l'instruction du 16 novembre 1887-18 mars 1889, ces prélèvements doivent être restreints au strict minimum.

4° Petit équipement et chaussures.

Art. 65. Les hommes sont libres de faire usage pendant la période d'appel des effets de linge et chaussure qu'ils apportent, mais ils n'ont droit de ce chef à aucune indemnité.

5° Effets de cuisine et de pansage.

Art. 66. Les unités actives désignées par les chefs de corps prêtent aux unités de réserve et territoriales les bourgerons de toile, pantalons de toile, sacs à distribution, nécessaires pour le service des cuisines et des ordinaires, ainsi que les effets pour le pansage des chevaux, dans les corps de troupe à cheval.

6° Dispositions spéciales aux adjudants et assimilés.

Art. 67. Les adjudants reçoivent des effets de drap neufs ou très bons, prélevés sur les approvisionnements des unités des corps actifs (collection n° 1). Ces effets sont munis des galons de grade de l'arme, par les soins de ces unités.

Ils peuvent également recevoir des effets en drap de sous-officier rengagé, provenant de réintégration.

Les adjudants des bataillons de zouaves et de tirailleurs qui arrivent habillés sont, d'après l'ordre du général commandant le corps d'armée, soit laissés en possession de leur tenue spéciale, soit pourvus d'une tenue de sous-officier à l'uniforme du corps dans lequel ils sont appelés.

Cette dernière tenue leur est délivrée s'ils arrivent sans être habillés.

Les médecins et pharmaciens auxiliaires sont pourvus de la même tenue que les adjudants, mais avec les insignes spéciaux du corps de santé.

Les effets de grand équipement distribués aux adjudants et assimilés sont choisis parmi ceux des collections d'instruction ou d'extérieur.

Ces sous-officiers conservent, s'ils le désirent, pendant la durée de la période d'appel, les effets de petit équipement et de chaussure qu'ils apportent. S'il est nécessaire de les pourvoir de ces effets, il leur en est délivré de neufs ou de très bons.

Tous les effets distribués aux adjudants et assimilés sont réintégrés à la fin de chaque période. Ils sont repris par les unités actives au classement « en cours de durée » (bon).

Il est tenu compte à ces unités de la perte résultant de ce changement de classement.

Dans ce but, les fonds particuliers sont crédités par le fonds commun de la différence entre le prix de ces effets au classement neuf et leur prix au classement en cours de durée. Les conseils d'administration poursuivent ensuite, et dans la forme ordinaire, le remboursement de cette moins-value par le budget de l'habillement.

7° Dispositions spéciales aux officiers et assimilés; habillement.

Art. 68. Il est délivré gratuitement des effets d'habillement en drap de sous-officier (dolman on tunique, pantalon d'ordonnance et képi), ainsi qu'un ceinturon en cuir verni avec dragonne en cuir, aux officiers qui en font la demande.

Toutefois, la dragonne n'est pas délivrée aux officiers appartenant aux services dans lesquels cet insigne n'est pas réglementaire.

Sont seuls exclus du bénéfice de l'allocation gratuite d'une tenue en drap de sous-officier, les officiers qui ont servi dans l'armée active et ceux qui ont reçu l'indemnité de première mise d'équipement comme officiers de réserve.

Les effets sont livrés neufs et sont prélevés sur les ressources de l'approvisionnement des corps actifs ou sur celles de la collection n° 1 (guerre et parade) des unités de ces corps. Le fonds commun ou les fonds particuliers, suivant le cas, sont remboursés de la valeur des effets, dans la forme ordinaire, par le budget de l'habillement.

Les effets ainsi délivrés sont inscrits, au moment de l'appel, sur le livret matricule de l'officier (feuillet de mutations). Les corps qui ont fourni les effets les portent en sortie définitive dans leurs comptes.

Les officiers emportent ces effets après la période d'exercices; ils sont tenus de les représenter en bon état aux appels suivants et de les conserver pendant tout le temps de service auquel ils sont astreints par la loi du recrutement.

Les dispositions qui précèdent sont applicables aux médecins, pharmaciens, vétérinaires, officiers d'administration, gardes d'artillerie, adjoints du génie, archivistes, etc., de la réserve et de l'armée territoriale.

Les officiers ou assimilés ayant droit à une tenue de sous-officier à titre gratuit et qui le demanderont, pourront recevoir des effets confectionnés sur mesure en drap de tenue de ville de sous-officier rengagé (1) ; mais ils devront subir, sur leur solde, une retenue égale à la différence entre le prix de la tenue en drap de sous-officier rengagé et le prix de celle en drap de sous-officier non rengagé.

Le montant de cette retenue sera versé au fonds commun du corps actif.

La tenue en drap de sous-officier rengagé n'est pas due aux officiers déjà pourvus d'une tenue en drap de sous-officier non rengagé.

Une tenue en drap de sous-officier rengagé peut leur être délivrée, mais non échangée contre l'ancienne ; celle-ci sera conservée par l'officier, et le prix de la tenue en drap fin de sous-officier rengagé sera entièrement à la charge de la partie prenante, qui en acquittera directement, et préalablement à la confection, le montant au profit du fonds commun du corps livrancier.

Les galons de grade, brides d'épaulettes, numéros brodés, collet brodé et boutons dorés sont apposés sur les effets aux frais des officiers. Ils supportent également la dépense résultant de l'échange des galons.

Pour permettre au corps actif d'assurer, en temps utile, l'habillement des officiers de réserve et de l'armée territoriale, il est indispensable que les officiers convoqués, ayant droit à la délivrance d'effets, fassent connaître leurs besoins aux corps actifs, autant que possible un mois à l'avance, et leur envoient leurs mesures.

Lorsqu'un officier est rayé des cadres avant d'avoir accompli le temps de service exigé par la loi, les effets qu'il a reçus sont réintégrés au corps auquel il appartient, à la diligence de ce corps et par les soins de la gendarmerie. En cas de décès de l'officier, ses héritiers doivent opérer la réintégration de ses effets.

L'unité administrative à laquelle les effets sont remis rembourse au budget de l'habillement le montant de leur valeur, déduction faite de la moins-value.

Lorsque les effets sont en drap de sous-officier rengagé, l'unité administrative rembourse :

---

(1) Dans les troupes à pied où la tenue des officiers comprend la tunique ample, il sera confectionné une tunique simple et non une tunique ajustée.

1° Au budget de l'habillement une somme représentant la valeur des effets réintégrés, décomptée au prix des effets similaires de sous-officier du même classement ;

2° A l'intéressé ou à ses ayants droit la différence entre cette somme et la valeur réelle des effets au moment de la réintégration.

Les officiers qui ont accompli le temps de service exigé par la loi conservent de plein droit les effets qu'ils ont reçus.

8° Réintégration des effets et objets de toute nature.

Art. 69. Les effets et objets de toute nature sont réintégrés dans les conditions déterminées par l'article 75 du règlement du 16 novembre 1887-18 mars 1889.

Les commandants d'unités ou fractions d'unités de réserve et territoriale sont astreints à faire eux-mêmes cette remise. Cette prescription doit être strictement appliquée.

9° Pertes ou dégradations.

Art. 70. Les commandants des unités de réserve ou territoriales sont responsables des pertes ou dégradations d'effets imputables à un manque de surveillance de leur part. Le montant de ces pertes est inscrit sur un bulletin d'imputation modèle n° 49 du décret du 14 janvier 1889 ; il sera versé à la masse d'habillement du corps actif (fonds communs ou fonds particuliers).

Lorsque la perte d'un effet provient du fait du détenteur, celui-ci peut être l'objet de l'une des mesures suivantes :

1° Peine disciplinaire déterminée par le général commandant le corps d'armée ou l'officier supérieur délégué ; cette peine est subie dans un corps de l'armée active ;

2° Traduction devant un conseil de guerre.

Les pertes, mises hors de service et dégradations (réparables), provenant du fait des réservistes ou territoriaux, sont régulari-sées au moyen de procès-verbaux prescrits par l'article 176 du décret du 14 janvier 1889, dans lesquels les mots « cas de force majeure » sont remplacés par ceux-ci : « résultant de l'appel des hommes de la réserve ou de l'armée territoriale ».

Une expédition de ces procès-verbaux est remise aux corps actifs qui avaient fourni les effets perdus ou détériorés. Le fonds particulier des unités livrancières est immédiatement crédité par le fonds commun du montant des pertes ou dégradations. Les conseils d'administration en poursuivent ensuite le rembourse-ment par le budget de l'habillement.

10° Mode de justification d'effets délivrés.

Art. 71. Les corps territoriaux n'ont pas à tenir de comptabilité pour le service de l'habillement. Les effets ne sont délivrés qu'à titre de prêt aux commandants d'unités de réserve ou territoriales pour les corps de l'armée active. Les commandants de ces unités se bornent à signer les bons.

Ces bons ne sont que numériques.

11° Expériences d'habillement à faire pendant les convocations annuelles.

Art. 72. Afin de pouvoir vérifier si les lots destinés à l'habillement des unités territoriales sont composés d'effets correspondant à la taille des hommes, les généraux de brigade prescrivent, lorsqu'ils le jugent nécessaire, de faire des expériences pendant les périodes de convocation. Ils donnent à ce sujet des ordres au corps actif qui a les approvisionnements en charge, ainsi qu'aux unités territoriales appelées à essayer les effets.

Pour les expériences, on constitue des unités complétées à l'effectif de guerre, à l'aide des hommes convoqués, et on livre à chacune de ces unités un lot d'effets tel qu'il est préparé dans les magasins du corps (1).

Après la période d'appel, un rapport spécial, rédigé par le chef de corps de l'armée territoriale, est adressé au Ministre sous le timbre de l'état-major de l'armée (1er Bureau).

TITRE VII.

COUCHAGE.

Art. 73. Les réservistes et les territoriaux, même non gradés, recevront toujours, pour leur couchage, à quelque époque de l'année qu'ils soient convoqués, lorsqu'ils seront casernés ou baraqués, les fournitures de soldat du service des lits militaires qui resteront disponibles après que tous les hommes de troupe de l'armée active casernés ou baraqués en auront été pourvus (instruction du 31 mars 1887, pour l'application de l'article 50 du règlement du 30 septembre 1886, et note ministérielle du 20 février 1890).

Cette distribution, toutefois, ne devra jamais être faite par prélèvement sur les fournitures qui, d'après l'article 70 du règlement du 30 septembre 1886, doivent se trouver dans les magasins du service des lits militaires pour cause de réparation périodique ou accidentelle.

Il est formellement interdit de dédoubler les fournitures des lits militaires pour le couchage des hommes de la réserve de l'armée active et de l'armée territoriale.

En cas d'insuffisance de couchettes ou de châlits, les paillasses sont placées directement sur le plancher.

A défaut de fournitures des lits militaires, les réservistes et les

____

(1) Il est bien entendu qu'il s'agit d'un simple essayage de ces effets et que, conséquemment, ils ne doivent pas être portés par les hommes.

territoriaux casernés ou baraqués utilisent, pour leur usage, les couchettes et châlits laissés à demeure par l'armée active dans les casernes ou baraques qu'ils viennent occuper. Leur couchage est assuré au moyen de fournitures auxiliaires de campement composées chacune d'une enveloppe de paillasse, d'une enveloppe de traversin, d'un sac de couchage et d'une grande et d'une petite couvertures.

La paille de couchage est délivrée par les soins du service de l'habillement et du campement à raison de :

10 kilogrammes par paillasse ;
2 kilogrammes par traversin.

Les corps perçoivent cette paille sur extrait de l'état d'effectif arrêté par le sous-intendant militaire, pour le nombre d'hommes annoncé par les bureaux de recrutement, déduction faite, s'il y a lieu, des fournitures des lits militaires disponibles dans la place.

Mais, comme ce nombre peut ne pas être atteint, chaque corps conserve une partie de la paille (6 p. 100 de l'effectif annoncé) dans l'état où elle a été distribuée, de manière à recevoir, dans le cas où elle ne serait pas employée, la destination ultérieure qu'indiquera le sous-intendant militaire.

Si elle est reversée en magasin, l'état d'effectif, tenant lieu de bon, est rectifié en conséquence.

La paille de couchage est renouvelée intégralement pour chaque série d'appel.

A défaut de grandes couvertures, on fait emploi d'un nombre double de petites couvertures.

Lorsque l'état de la température l'exige, la composition des fournitures auxiliaires de couchage peut être améliorée de la manière suivante :

Si les châlits font défaut, ces fournitures sont isolées, soit au moyen de paillassons dont la confection est prescrite par la note ministérielle du 20 mars 1891 (*Journal militaire*, page 434); s'il n'existe pas de paillassons, au moyen d'une allocation supplémentaire de paille, calculée à raison de 2 kilogr. 500 par fourniture.

Les commandants de corps d'armée restent juges de l'opportunité de ces distributions supplémentaires de couvertures et de paille de couchage.

Dans certaines localités, et suivant les instructions du Ministre, la paille ou le paillasson peut être remplacé par un isolateur en bois.

Les intendants militaires donnent aux corps de troupe telles instructions qu'ils jugent convenable pour que, conformément aux dispositions de la circulaire du 13 janvier 1880, il soit tiré le meilleur parti possible de la paille provenant des paillasses et des traversins, à la fin de chaque série d'appel.

Les effets de couchage auxiliaire sont réintégrés conformément aux règles indiquées par l'instruction du 2 mai 1884 et complétées par la note du 2 février 1888.

Cette réintégration est faite par les commandants d'unités ou fractions d'unités de la réserve de l'armée active ou de l'armée territoriale, comme il est prescrit pour les effets d'habillement.

TITRE VIII.

ÉCLAIRAGE DES ESCALIERS ET DES CORRIDORS DES CASERNES.

Art. 74. L'éclairage des escaliers et corridors des casernes, dans lesquelles sont logées les troupes de la réserve et de l'armée territoriale, est assuré par les soins et aux frais de l'armée active, dans les conditions réglementaires.

Le Ministre de la guerre,

Signé : G. CAVAIGNAC.

° CORPS D'ARMÉE.

DÉPARTEMENT

d

PLACE d

Mois d

(1)

(2)

RÉSERVE DE L'ARMÉE ACTIVE

ET ARMÉE TERRITORIALE.

INDEMNITÉ DE ROUTE.

MODÈLE N° 1
annexé à l'Instruction
ministérielle
du 18 mars 1896.

(1) Indiquer le régiment de réserve ou le corps territorial.

(2) Indiquer le corps actif de rattachement chargé du payement, ou, à défaut, le corps actif désigné par le commandement.

BORDEREAU récapitulatif des listes nominatives destinées au payement de l'indemnité de route aux hommes de la réserve de l'armée active et de l'armée territoriale qui ont rejoint leur corps.

DÉSIGNATION DES UNITÉS.	MONTANT de CHAQUE UNITÉ.	ÉMARGEMENT des COMMANDANTS D'UNITÉ.	MONTANT DES SOMMES PAYÉES par chaque commandant d'unité.

CERTIFIÉ le présent bordereau montant à la somme de

A   , le   189 .

Le Trésorier du (1)

N°   d'enregistrement
au registre de route.

PÉRIODE
D'INSTRUCTION

du   au   18 .

(1) Effets, objets, ustensiles, etc., armes.
(2) Indiquer le corps ou
la fraction de corps qui dé-
livre les objets, etc.

Dési-
gner

le corps...

le
bataillon,
la compa-
gnie,
l'escadron
ou la
batterie.

RÉSERVE
DE L'ARMÉE ACTIVE
et
ARMÉE TERRITORIALE.
—
MODÈLE N° 2
annexé à l'Instruction
ministérielle
du 18 mars 1896.
—
POUR TOUTES ARMES.

FORMAT :
Hauteur, ... 0m,200
Largeur.......... 0m,300

BON numérique (1)

DÉSIGNATION DES EFFETS, ETC.	QUANTITÉS	
	EN CHIFFRES.	EN TOUTES LETTRES.

REÇU de (2)   les quantités
de (1)   énoncées ci-dessus.

A   , le   189 .

Le Capitaine,

SOLDE
et
ACCESSOIRES DE SOLDE.
—
PRÊT
du   au   18 . Dési-gner { le corps.. { le bataillon, la compagnie, l'escadron ou la batterie.

RÉSERVE
DE L'ARMÉE ACTIVE
et
ARMÉE TERRITORIALE.
—
MODÈLE N° 3
annexé à l'Instruction ministérielle du 18 mars 1896.
—
POUR TOUTES ARMES.

FORMAT :
Hauteur......... 0^m,280 → 0ᵐ,280

FEUILLE de prêt du   *au*   **189** .

GRADES.	NOMBRE d'hommes présents au 189 .	NOMBRE de jours de présence.	DÉCOMPTE EN DENIERS de la solde de présence.	INDEMNITÉS (1) Nombre de journées.	Décompte en deniers.	(1) Nombre de journées.	Décompte en deniers.	(1) Nombre de journées.	Décompte en deniers.	TOTAL GÉNÉRAL des décomptes en deniers.	INDEMNITÉ en remplacement de viande fraîche. Nombre de jours.	Décompte en deniers.
Adjudant....... col. 2 (2)												
Sergent-major... Maréchal des logis chef....... } col. 3												
Sergent et sergent fourrier... Maréchal des logis et maréchal des logis fourrier } col. 4												
Caporal fourrier. Brigadier fourrier } col. 5												
Caporal......... Brigadier....... } col. 6												
Soldat { à pied.. col. 7 (3) / à cheval. col. 8												
TOTAUX.....												

Augmentations d'après les mutations du   au   (voir au verso).

ENSEMBLE.........

Diminutions d'après les mutations du   au   (voir au verso).

Montant de la feuille de prêt.........

(1) Indiquer la nature de l'indemnité.

(2) Ces numéros correspondent à ceux de la situation administrative et de la feuille de journées où sont inscrites les journées de solde correspondantes.

(3) Les tambours et clairons des corps d'infanterie et du génie et les trompettes de l'artillerie à pied, qui n'ont droit qu'à la solde à pied, figurent ici.

CERTIFIÉ par nous, Capitaine commandant l'unité, la présente feuille de prêt montant à la somme de
dont quittance.

A   , le   189 .

MUTATIONS du   *au*   189   *inclus*
et décompte y relatif.

NUMÉROS MATRICULES.	NOMBRE D'HOMMES par grade ayant fait la même mutation.	MUTATIONS.	NOMBRE DE JOURNÉES					TOTAL DES DÉCOMPTES en deniers à porter d'autre part.	INDEMNITÉ en remplacement de viande fraîche.	
			solde de de présence.	D'INDEMNITÉS					Nombre de jours.	Décompte en deniers.
				(1)	(1)	(1)				
		AUGMENTATIONS :								
		Total des augmentations.........								
		DIMINUTIONS :								
		Total des diminutions.........								

ANNEE 189 .

—

PÉRIODE D'INSTRUCTION
du   au

Dési-
gner
le corps..
le bataillon,
la compa-
gnie,
l'escadron
ou la
batterie.

RÉSERVE
DE L'ARMÉE ACTIVE
et
ARMÉE TERRITORIALE.

MODÈLE N° 4
annexé à l'Instruction
ministérielle
du 18 mars 1896.

—

POUR TOUTES ARMES.

FORMAT :
Hauteur............ 0^m,315
Largeur............ 0^m,210

ÉTAT PRÉSENTANT :

1° *Le contrôle nominatif des officiers, sous-officiers, caporaux ou brigadiers et soldats ayant compté à l'effectif pendant ladite période d'instruction; indiquant, en outre, les armes qui ont été distribuées;*

2° *L'enregistrement des situations et mutations journalières;*

3° *L'enregistrement de la solde de la troupe et des rations diverses perçues.*

INSTRUCTION POUR LA TENUE DU PRÉSENT ÉTAT.

1° *Contrôle.* — Tous les militaires comptant à l'effectif soldé y figurent ainsi que les chevaux que les officiers ont été autorisés à emmener.

Les hommes de troupe sont inscrits par grade ou emploi et, dans chaque grade ou emploi, par numéro matricule.

On laisse vacant, après chaque grade, un nombre de cases suffisant pour l'inscription des retardataires.

On indique par le chiffre 1 l'arme de chaque nature dont l'homme est détenteur.

2° *Enregistrement des situations et mutations journalières.* — L'effectif des présents à inscrire journellement ne doit comprendre que les hommes qui ont eu droit, pour cette journée, à la solde de présence à l'unité.

Le total des présents de la situation militaire et celui de la situation administrative (modèle n° 5) produites au même rapport, pour la journée de la veille, doivent présenter une corrélation absolue.

3° *Solde de la troupe et rations diverses perçues.* — Les prestations en deniers et en nature sont inscrites au fur et à mesure des perceptions et totalisées à la fin de la période d'instruction. Le capitaine, après avoir arrêté la feuille de journées, inscrit les allocations au-dessous des totaux relatifs aux perceptions et opère la balance des unes avec les autres pour faire ressortir les trop ou les moins-perçus.

NOTA. — Le présent état est utilisé par les trésoriers pour le contrôle nominatif des officiers de l'état-major et pour les chevaux qu'ils auraient été autorisés à emmener avec eux.

OFFICIERS.			CHEVAUX EMMENÉS PAR LES OFFICIERS.	
NOMS.	GRADES et emplois.	MUTATIONS.	SIGNALEMENT sommaire.	MUTATIONS.

nominatif.

NUMÉROS matricules.	NOMS.	GRADES et emplois.	MUTATIONS.	Fusil.	Carabine.	Mousqueton.	Revolver.	Sabre.	Épée.		

2º *Situation et mutations journalières.*

NOTA. — Pour la troupe, les grades sont inscrits à la main selon l'arme.

MOIS et DATES.	OFFICIERS.					EFFECTIF DES OFFICIERS.	TROUPE.					EFFECTIF DE LA TROUPE.	MUTATIONS NUMÉRIQUES.
	PRÉSENTS.				ABSENTS.		PRÉSENTS.			ABSENTS.			
	Capitaines.	Lieutenants.	Sous-lieutenants.	Total.	A l'hôpital.				Total des présents.	A l'hôpital.	Total.		

3º *Solde de la troupe et rations diverses perçues.*

DATES des FEUILLES de prêt ou des bons.	SOMMES REÇUES pour solde de la troupe.	VIVRES.		FOUR-RAGES.	DATES des FEUILLES de prêt ou des bons.	SOMMES REÇUES pour solde de la troupe.	VIVRES.		FOUR-RAGES.
		Vivres-pain.					Vivres-pain.		
					Report...				
					Totaux...				
					Allocations.				
					Reçu...				
A reporter.					en trop.....				
					en moins..				

RÉSERVE
DE L'ARMÉE ACTIVE
et
ARMÉE TERRITORIALE.

MODÈLE N° 5
annexé à l'Instruction
ministérielle
du 18 mars 1896.

—

POUR TOUTES ARMES.

FORMAT :
Hauteur..... 0ᵐ,180
Largeur..... 0ᵐ,230

Désigner { le corps { le bataillon, la compagnie, l'escadron ou la batterie. }

SITUATION ADMINISTRATIVE

*présentant, par fixation de solde, l'effectif des présents à la date du   , ainsi que les mutations
qui ont modifié l'effectif de la veille dudit jour.*

NOTA. — La situation remise chaque jour au rapport du matin fait connaître l'effectif des présents de la veille ; elle donne les mutations qui ont modifié, pour cette journée, les droits aux allocations.

PRÉSENTS.	Adjudant.	Sergent-major, maréchal des logis chef.	Sergent et sergent fourrier, maréchal des logis et maréchal des logis fourrier.	Caporal fourrier, brigadier fourrier.	Caporal, brigadier.	SOLDAT			TOTAL DES JOURNÉES de présence.	CHEVAUX PRÉSENTS appartenant aux officiers.	
						à pied.	à cheval.				
1	2	3	4	5	6	7	8	9	10	11	12
De l'unité.											

OBSERVATIONS. — Les tambours et clairons des corps d'infanterie et du génie et les trompettes de l'artillerie à pied, qui reçoivent la solde à pied, figurent dans la colonne 7.

<table>
<tr><td colspan="4" align="center">MUTATIONS AFFECTANT L'EFFECTIF DES PRÉSENTS
DU (1)</td></tr>
<tr><td align="center">NUMÉROS
ma-
tricules.</td><td align="center">NOMS.</td><td align="center">GRADES
et
EMPLOIS.</td><td align="center">MUTATIONS.
—
NOTA. — Les officiers figurent en tête
de ce tableau, quand ils ont fait mutation.</td></tr>
<tr><td></td><td></td><td></td><td></td></tr>
</table>

(1) Veille du jour de la date de la situation.

(2) Indiquer la fraction de corps.

(3) Date du rapport où la situation est produite.

CERTIFIÉ par nous, commandant (2)

A   , le (3)   189 .

VÉRIFIÉ par nous, Sous-Intendant militaire, la présente situation de laquelle il résulte que le total des journées de présence s'élève :

Pour les hommes de l'unité à

Pour les chevaux à

A   , le   189 .

OBSERVATIONS. — La situation produite pour le jour de l'entrée en solde des hommes et celle établie pour le jour du départ, présentent numériquement l'effectif par grade.

<table>
<tr><td>

ᵉ CORPS D'ARMÉE.

⸺

DÉPARTEMENT

d

PLACE d

⸺

PÉRIODE D'INSTRUCTION
du   au

(1) Caporaux ou briga-
diers.

</td><td>

Dési-
gner

{ l'arme. {
{ le corps. {
{ le
{ bataillon,
{ la compa-
{ gnie,
{ l'escadron
{ ou
{ la batterie. {

</td><td>

RÉSERVE
DE L'ARMÉE ACTIVE
et
ARMÉE TERRITORIALE.

MODÈLE Nº 6,
annexé à l'Instruction
ministérielle
du 18 mars 1896.

POUR TOUTES ARMES.

FORMAT : 0ᵐ,315 sur 0ᵐ,210.

</td></tr>
</table>

FEUILLE DE JOURNÉES NUMÉRIQUE présentant journel-
lement les allocations en deniers auxquelles ont eu droit, pendant
la période d'instruction du   au   189 ,
les sous-officiers (1)   et soldats de ladite unité, ainsi que
les allocations en nature attribuées aux mêmes militaires.

OBSERVATIONS

POUR LA TENUE DE LA FEUILLE DE JOURNÉES NUMÉRIQUE.

Les militaires ont droit aux allocations le jour du départ pour rentrer dans leurs foyers, si ce départ a lieu après le repas du matin. (Art. 10, tableau 1, position 54 du décret du 29 mai 1890).

Aux termes de l'article 23 du décret précité sur la solde et les revues, les militaires qui entrent à l'hôpital après avoir pris le repas du matin ont droit : à la solde proprement dite ; à la demi-indemnité de viande, à la demi-indemnité représentative de riz et de sel ; à la demi-ration de pain ; à la ration qui leur est normalement allouée en sucre et café.

Pour l'exécution de cette disposition, les hommes seront compris sur la feuille de journées numérique, pour les allocations de la journée entière, mais les demi-indemnités ou rations allouées ainsi en trop seront portées en diminution.

ALLOCATIONS EXTRAORDINAIRES.

1º *Indemnités.*

(2)

En
remplace-
ment

de viande fraîche..... {
de riz, légumes et sel.. {
de vin............. {
d'eau-de-vie......... {

2º *Fournitures en nature.*

Sucre et café...................... {

(2) Indiquer la nature de l'indemnité.

(1) Indiquer la nature de l'indemnité.

MOIS et DATES.	JOURNÉES DE SOLDE DE PRÉSENCE								TOTAL DES JOURNÉES DE PRÉSENCE.	INDEMNITÉ										NOMBRE DE RATIONS de							Infirmiers recevant les vivres d'hôpital.
	Adjudant.	Serg.-major ou mar. des logis chef.	Serg. et serg. fourrier, mar. des logis et mar. des logis fourrier.	Caporal fourrier, brigadier fourrier.	Caporal, brigadier.	Soldat à pied.	Soldat à cheval.			(1) Adjudant.	Sous-officier des autres grades.	Caporal ou brigadier et soldat.	EN REMPLACEMENT de viande fraîche,		Riz, légumes, sel (Algérie).	Vin		Eau-de-vie		Vivres-pain.	sucre et café avec percolateur.				Sucre et café, vin ou eau-de-vie (Algérie).	Fourrages.	
1	2	3	4	5	6	7	8	9	10	11	12	13	14	15	16	17	18	19	20	21	22	23	24	25	26	27	28
Totaux.. Augmentations :																											
Totaux.. Diminutions :																											
Reste.																											

DÉCOMPTE EN DENIERS DES ALLOCATIONS DE SOLDE ET DES INDEMNITÉS.

GRADES.	Journées de solde de présence.	Décompte en deniers des journées de solde et des indemnités.	OBSERVATIONS.
§ 1er. — *Solde* (1).			*Explications.*
			Sur les différences en plus ou en moins qui résultent de la comparaison des journées de présence avec le nombre de rations de vivres-pain alloué par la présente feuille.
Totaux.......			Nombre de journées de présence...............
			A augmenter.....
			Total.....
			A diminuer.....
§ 2. — *Indemnités.*	Nombre de journées.	Décompte en deniers.	Reste.....

(2) {	Adjudants.........			Nombre de rations de vivres-pain alloué par la présente feuille.........
	Sous-officiers des autres grades.......			
	Caporaux ou brigadiers et soldats...			Différence.... { en plus.. / en moins.
En remplacement {	de viande fraîche { à 0, .. / à 0, ..			
	de riz, légumes et sel (Algérie)..........			*Motifs du trop ou moins-perçu.*
	de vin... { à 0, .. / à 0, ..			
	d'eau-de-vie. { à 0, .. / à 0, ..			
Total formant le crédit du capitaine commandant..................			

(1) Indiquer à la main, selon l'arme, les grades portés aux colonnes 2 à 8 du tableau ci-contre.
(2) Indiquer la nature de l'indemnité.

Certifié par nous, capitaine commandant, la présente feuille de journées, de laquelle il résulte :

1º Que le décompte des allocations en deniers s'élève à la somme de

2º Que les allocations en nature se montent à :

rations de vivres-pain ;
idem
idem de sucre et café avec percolateur ;
idem
idem
idem de sucre et café, vin ou eau-de-vie (Algérie) ;
idem
idem de fourrages à la composition de :
foin ;
paille ;
avoine.

A   , le   189 .

Certifié l'exactitude des inscriptions et celle des décomptes.

Le Trésorier,

Vu et vérifié :

e Sous-intendant militaire,